EXPOSITION

DE LA

LOI NATURELLE.

Par M. l'Abbé B.

Prix, douze fols.

A AMSTERDAM,

Et fe trouve

A PARIS;

Chez LACOMBE, Libraire, Quai de Conti.

M. DCC. LXVII.

EXPOSITION
DE LA
LOI NATURELLE.
Nº. PREMIER.

« TOUT homme adulte est chargé
» de pourvoir à sa propre conservation,
» à son propre bien-être, sous peine de
» souffrance & de mort » : voilà certainement un *devoir* prescrit par la *nature*,
la premiere de ses *loix*, dont la *sanction*
est inévitable.

Mais pour concevoir *la maniere* de
remplir cette *obligation* continuelle &
indispensable, il faut nécessairement
considérer l'homme dans les divers états
possibles ; c'est-à-dire l'homme absolument *isolé*, l'homme dans l'état de simple
multitude, enfin l'homme attaché à la
société.

D'abord un mortel, quoique parfaitement *isolé*, n'en a pas moins trois ma-

nieres poſſibles & très différentes l'une
de l'autre , de pourvoir aux *beſoins* naturels que produit ſans ceſſe l'obligation
de ſe conſerver & de fuir autant qu'il peut
la douleur & la mort , dont il ſemble être
aſſiégé de toutes parts. Le premier de ces
moyens eſt la *recherche* continuelle &
journaliere des objets propres à ſa *jouiſſance,* que la nature produit d'elle-même
autour de lui.

Le ſecond moyen, qu'un peu de réflexion & de prévoyance lui doivent
bien-tôt enſeigner , eſt de conſerver les
productions ſpontanées , récueillies dans
le tems où la nature les fait naître & les
rend ou meilleures ou plus abondantes ,
& de les garder pour le *beſoin* futur.

Enfin , la troiſieme maniere ſeroit de
multiplier lui-même , par la *culture* , les
productions qu'il trouveroit les plus
utiles & les plus agréables, s'il craignoit
que la nature abandonnée à ſon cours
n'en fût pas aſſez prodigue pour ſes beſoins ou ſes deſirs.

Trois efpeces de *travaux*, dont l'un eft abfolument néceffaire à l'Homme ifolé pour remplir le premier *devoir* impofé par la Loi de la nature : *travail* de la *recherche* habituelle ; *travail* de la confervation ; *travail* de la *cultivation*.

Remarquez d'abord par quels degrés ce mortel folitaire *étend*, *affure*, *multiplie* les jouiffances propres à fa confervation & à fon bien - être, à mefure que la réflexion & la prévoyance lui font perfectionner fon *travail*.

C'eft donc, même dans l'Homme ifolé, la qualité des *travaux* qui regle l'exercice de fon *droit* fur les productions de la nature. Celui qui fe borne à les *rechercher* habituellement, dépend fans ceffe de tous les événements ; il eft obligé de fe borner aux objets qu'il *trouve* ; il n'eft jamais affuré de fes *jouiffances* : il ne peut les varier à fon gré. Les accidents naturels, les météores, & les animaux font en guerre continuelle avec lui ; tout confpire contre

A iij

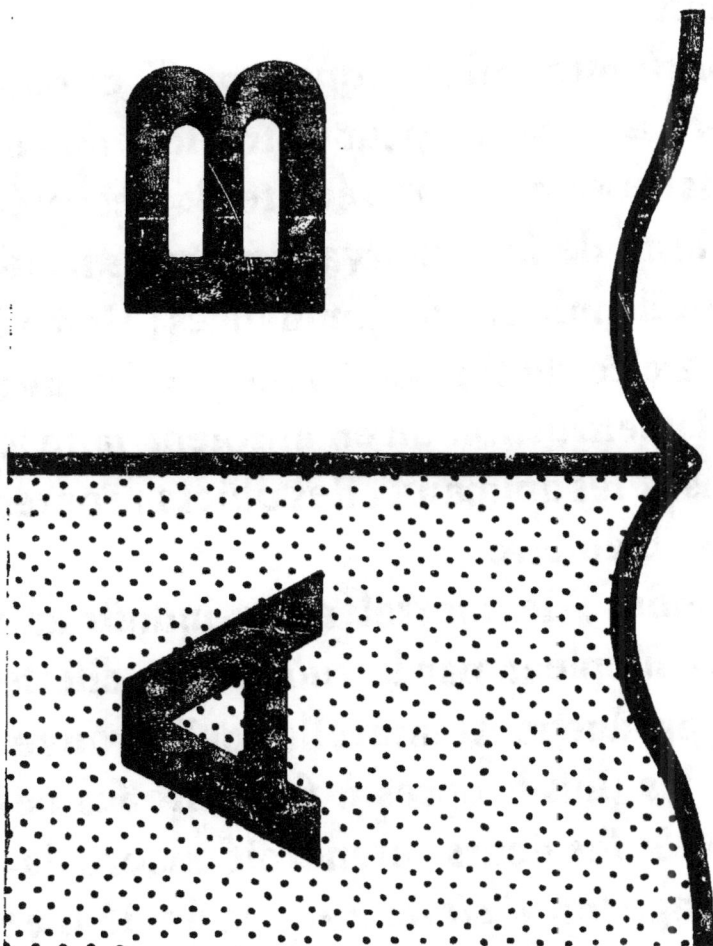

ſes beſoins, ſes deſirs, ſon repos & ſon plaiſir.

L'Homme iſolé, qui *ramaſſe & con-ſerve*, augmente peut-être ſon *travail* dans le tems de la récolte & des pré-paratifs de la conſervation : mais il aſ-ſure, il multiplie ſes jouiſſances ; il étend l'exercice de ſon *droit naturel* ; il ſauve de la deſtruction qu'en auroient faite le tems & les animaux, des objets propres à ſon bien-être.

Enfin, le mortel aſſez induſtrieux pour ſuppléer par la *culture* à la diſette des productions naturelles qu'il trouve-roit les plus propres à ſatisfaire ſes be-ſoins & ſes deſirs, étendroit encore da-vantage ſon *droit naturel* à la jouiſſance de ces productions ; il aſſureroit d'au-tant mieux ſon bonheur & ſa conſer-vation.

C'eſt ainſi que l'exercice du *Droit naturel* des Hommes s'étend, ou ſe reſ-ſere par le *travail*, qui remplit le pre-mier *devoir* preſcrit par la Loi de la nature.

N°. I I.

Appliquons ces diftinctions lumineuses à des hommes vivants dans l'état de fimple multitude fans aucune *fociété*. Nous allons en voir fortir un nouvel ordre de *devoirs* & de *droits*, trop fouvent oubliés.

Suppofons d'abord ce nombre de mortels occupés uniquement à la *recherche* habituelle. La nature a chargé chacun d'eux de fa propre confervation ; elle donne donc à chacun le moyen le plus prochain, le plus indifpenfable pour remplir ce *devoir*, puifqu'elle y a joint pour fanction la plus inévitable, les fouffrances & la mort, s'il ne le remplit pas. Mais quel eft ce moyen le plus prochain, le plus indifpenfable ? n'eft-ce pas la *propriété* de fa perfonne & defes facultés corporelles, par conféquent, la *liberté* d'en ufer pour chercher les objets propres à fatisfaire fes befoins.

La *liberté perfonnelle* eft donc la pre-

A iv.

mière condition que suppose l'exercice *du droit naturel*, dans cet état de multitude : le premier *attentat* possible d'un homme contre son semblable, seroit donc de violer la *propriété* de sa personne, ou d'empêcher habituellement qu'il ne fît un libre usage de ses facultés corporelles, pour satisfaire ses propres besoins & ses propres desirs. Il est évident que la nature a fait *libres* tous les autres animaux qui vivent dans cet état de recherche : le plus fort n'asservit point le plus foible. A-t-elle refusé le même avantage à l'homme seul ? La question n'est pas difficile à résoudre.

Deux hommes sauvages sont partis de deux endroits divers pour cueillir des fruits, chasser ou pêcher, & pourvoir à leur subsistance ; ils se rencontrent, passent tranquillement sans s'insulter, sans se battre, sans se déchirer, sans se blesser, sans se mettre à mort. Deux autres se trouvent ailleurs ; au lieu de penser directement à leurs besoins, ils s'at-

taquent, fe chargent de coups, fe couvrent de plaies profondes; l'un des deux
refte fur la place, en proie aux dou-
leurs, privé de l'ufage de fes membres,
ou même entierement de la vie. Lefquels ont fuivi la Loi de nature, lefquels
l'ont violée ? lefquels ont *bien* fait, lefquels ont fait *mal?* lefquels ont été juftes,
lefquels injuftes ? lefquels font innocens,
lefquels font criminels? S'il exifte fous
le Ciel une créature portant figure humaine, qui ne trouve point dans fon
ame de réponfe à cette queftion, ce n'eft
pas pour elle que nous l'avons propofée:
c'eft pour *les hommes* que nous écrivons,
non pour des monftres qui n'en auroient
que l'apparence.

Il exifte donc un *jufte*, un *injufte*, un
bien, un *mal moral*, une *innocence*, un
crime, avant toute *fociéte*. La premiere
efpece de *juftice* & d'*injuftice*, eft donc
relative à la *propriété* & à la *liberté* perfonnelle des hommes. Il n'y a point de
fophifme qui puiffe obfcurcir défor-

mais cette vérité fondamentale.

Un Homme fauvage a *trouvé*, par la recherche, quelques objets propres à fatisfaire le befoin ou le defir qui l'avoit follicité à prendre cette peine. Quand il eft prêt à *jouir* du bien qu'il s'eft procuré, un fecond arrive auprès de lui, preffé du même befoin ou de la même envie ; mais il refpecte dans fon femblable le *droit* de profiter du fruit de fon travail : il en va chercher autant pour lui-même. Un troifieme furvient ; fon defir s'enflamme à la vue de l'objet trouvé par le premier ; il n'écoute que ce defir, & ne confulte que fa force ; il attaque l'Homme poffeffeur, lui ravit fa proie, le contraint à la fuite. Le malheureux dépouillé paffe à portée d'un quatrieme qui fe repait tranquillement d'une ample fubfiftance qu'il a trouvée, & celui-ci par des cris & par des fignes, appelle notre fugitif au partage des biens qu'il a rencontrés en abondance.

Mettez-vous en problême lequel des

trois eft *injufte*, lequel eft *équitable*, lequel eft *bienfaifant*? ne fentez-vous pas naturellement de la pitié pour l'infortuné, de l'horreur pour le tyran, de l'eftime pour l'obfervateur du *Droit* d'autrui, de la tendreffe pour le généreux?

Elle exifte donc, cette *Loi* naturelle qui caractérife le *mérite* & le *démérite* des actions humaines, même avant toute fociété, toute convention; il eft donc, dans l'état même de fimple multitude & de fimple recherche, une conduite digne d'éloges, une conduite digne de blâme, une conduite innocente, fans être marquée par la bienfaifance.

Ces diftinctions très réelles & très frappantes, font donc relatives, tant à la *propriété perfonnelle* qu'à la *propriété mobiliaire* des objets qu'on s'eft procurés par fon travail.

Le foin de la *récolte* & de la confervation qui étendroit le *Droit naturel* des hommes, multiplieroit leurs *propriétés mobiliaires*. Alors les *attentats* particuliers deviendroient plus *faciles* & plus *funestes*; mais aussi plus *criminels*, à proportion du *délit* & des préjudices qu'ils causeroient.

Si c'est, au jugement de tout Homme raisonnable, une *injustice évidente* dans un Homme, de dépouiller son semblable du fruit de sa recherche, quoique cette perte puisse se réparer presque sur le le champ, & qu'elle n'ait couté qu'un *travail* léger; à plus forte raison est-ce une iniquité de le dépouiller des provisions qu'il auroit ramassées laborieusement, & de l'en priver dans un tems où la nature ne les offriroit plus à sa perquisition.

Il est aisé de sentir cependant que les dangers, les combats, les usurpations, augmenteroient parmi les Hommes non réunis en société, à mesure que l'intelligence & la précaution voudroient amasser d'avance pour les besoins futurs.

Il n'en est pas moins vrai que le mor-

tel affez fage pour employer fon tems
à récolter, dans la faifon favorable,
des productions fpontanées que les
tems & les autres accidents auroient
détruites, à les magafiner, à les pré-
ferver, autant qu'il eft en lui, de toutes
caufes deftructives, acquerroit par ce
travail un *droit* réel à la *confommation*
de ces productions confervées ; que
l'Homme inconfidéré, pareffeux, avide
& tyrannique, qui négligeroit dans le
tems de recueillir, mais qui voudroit
jouir exclufivement à l'autre de la récolte confervée, commettroit une *in-*
juftice, une violence *criminelle*.

Il eft également fenfible qu'un Homme, au contraire, feroit généreux &
bienfaifant, s'il faifoit part à quelqu'autre, dans la faifon la plus dure, d'une
portion des fruits qu'il auroit eu la précaution d'amaffer.

Suppofons, enfin, que les mortels
réduits à l'état de fimple multitude,
fans conventions fociales, veuillent fe

livrer à la *culture* pour étendre d'autant leur *Droit naturel*, en multipliant au-delà des bornes ordinaires de la production ſpontanée, les objet propres à ſatisfaire leurs beſoins ou leurs deſirs. Là commence à naître, par degrés, la *propriété fonciere*.

Qu'un Sauvage errant trouve par haſard le champ qu'un autre auroit cultivé, les arbres qu'il auroit plantés, la clôture dont il auroit entouré ſon défrichement pour en éloigner les animaux; qu'il admire ce travail, qu'il le reſpecte; qu'il ſoit animé d'une vive émulation de l'imiter, ou même qu'il prête une main ſecourable à ce mortel induſtrieux, occupé d'une entrepriſe trop pénible: qu'un autre, au contraire, ne ſente à la vue des fruits que la culture a fait naître, que l'envie de les dévorer, qu'il détruiſe l'enceinte, dépouille les arbres de leurs fruits & de leurs branches, & bouleverſe tout l'ouvrage: eſt-ce donc au jugement de la raiſon & du ſentiment naturel, une conduite indifférente ? non fans doute, il n'eft point d'homme qui le prononce naturellement au fond de fon cœur.

Il eft donc pour les humains les plus féparés un *jufte*, un *injufte*, un *mérite*, un *démérite* antérieur à toutes fociétés, à toutes conventions, à toutes *loix* humaines ; & en voici la regle primitive très fenfible & très évidente : le *travail* eft l'accompliffement du *devoir* impofé par la *nature* & l'exercice du *droit naturel*. Il eft d'une fouveraine *évidence* que l'un ne peut aller fans l'autre. L'Auteur Suprême de la nature, en nous prefcrivant par une fanction inévitable & terrible, l'*obligation* de pourvoir à notre confervation, à notre bien-être, par la *confommation* des objets propres à notre *jouiffance*, nous a donc évidemment donné le *droit* d'en ufer : le *travail* par lequel nous rempliffons ce premier *devoir*, fuppofe à chacun de nous la propriété de fa perfonne, & l'exercice de la *liberté perfonnelle*, il produit la *propriété mobiliaire* par la recherche ou la *confervation*, & la propriété *fonciere* par la *culture.*

C'eft donc par fon intelligence, par fon application & fa prévoyance, que l'homme étend, affure, multiplie l'exercice de fon *droit naturel* : il eft donc vrai que la *poffeffion* acquife par le *travail*, eft la regle *naturelle* qui décide du *jufte* & de l'*injufte.* Approprier à fa jouiffance les objets que la nature offre à tous, c'eft *travail ;* en ufer foi même après les avoir acquis, c'eft *droit :* quiconque l'empêche eft évidemment injufte, oppreffeur & raviffeur.

La *juftice* exifte donc dans l'état de fimple multitude, elle eft donc *une regle naturelle & fouveraine, reconnue par les lumieres de la raifon qui détermine évidemment nos propriétés à nous-mêmes & celles des autres :* l'injuftice eft donc *l'ufurpation fur le DROIT de propriété d'autrui.*

N°. III.

N°. III.

Mais l'homme agité par ses désirs, & pressé par ses besoins, est *libre* & trop souvent *injuste*. Dans cet état de simple multitude, les attentats de l'*usurpation* seroient fréquents, la *crainte* qu'ils inspirent seroit continuelle, certainement au préjudice de l'espece humaine, & contre le vœu de la nature. Les combats, les pillages, les représailles, les dangers, sont le malheur & la destruction de l'humanité, le contraire du premier *devoir*, de la premiere *loi*.

L'état des hommes vivant ainsi, n'est donc pas le plus avantageux à l'espece, le plus favorable à sa multiplication, à sa perpétuité, à son bonheur, parcequ'il est impossible que le *travail* étende d'une part l'*exercice du droit naturel*, sans qu'il multiplie de l'autre les allarmes, les périls, les crimes & les malheurs.

La Nature a donc institué un *ordre* évidemment plus avantageux au genre

B

humain, c'est l'état de *société*, dont le but est d'étendre, d'assurer, de multiplier le plus qu'il est possible l'exercice du droit naturel, de garantir les fruits du *travail*, les *propriétés*, les *libertés*, d'empêcher les attentats, les usurpations, de prévenir même le péril & la crainte.

La *société* n'a pas d'autre objet. Les affections de pitié, de tendresse, de générosité que la nature nous inspire, font, avec l'horreur de l'injustice, avec le desir de jouir, avec l'amour des propriétés, avec la prévoyance & la crainte de la spoliation, les moyens dont l'Auteur Suprême se sert pour déterminer l'homme évidemment créé *social* à se réunir avec ses semblables.

Avant toute aggrégation, & toute convention, *la loi naturelle* étoit, *attributive* du droit de jouir de ses propriétés; *prohibitive* de *l'usurpation* des *propriétés* d'autrui : mais chaque homme *isolé* n'avoit que ses propres forces pour *garant* & pour défense de ses *droits*; que sa *raison* & sa *liberté* pour frein contre le desir d'attenter à ceux des autres.

Le pacte *social* dit, » chacun de *nous* » promet, non - seulement de ne pas » employer ses forces pour usurper les » droits d'*aucun* de *nous* ; mais au con- » traire, d'employer ces mêmes forces, » pour défendre ces droits de chacun, » contre les usurpateurs ». La premiere partie n'est que la Loi naturelle, anté- cédente ; la seconde, est un nouveau *devoir* que s'impose chacun des contrac- tants ; en vertu duquel chacun acquiert un nouveau *droit*.

Devoir de contribuer à la défense des *droits* & *propriétés* de tous les *Confédérés*, qui n'existoit pas ; *droit* d'être à son tour *défendu* par eux, qui en résulte. On voit que l'un & l'autre multiplient les *forces* qui *garantissent*, & ajoutent un *frein* re- doutable aux desirs usurpateurs.

L'observation du *pacte*, emporte né- cessairement la *paix* au - dedans de la *Société* ; elle procure autant qu'il est pos-

fible la *fureté* contre les ennemis du dehors. Il eft évident qu'un Homme, que
dix, que vingt, n'oferoient pas attenter
au droit d'un feul, qui auroit pour appui
les forces de deux cents confédérés, &
la *certitude* qu'ils accourroient tous pour
le fecourir.

La *paix* & la *fecurité* engagent au
travail le plus propre à *étendre* l'exercice
du *Droit naturel*. Elles affurent, multiplient & perfectionnent la *culture*, qui
fournit des *jouiffances* plus abondantes,
plus variées, plus fatisfaifantes.

Mais l'accroiffement de cette maffe
d'objets propres à la jouiffance des
Hommes, multiplie naturellement la
Société, & le furcroît de population
augmente progreffivement la force de
garantie générale, ainfi que les heureux
effets qui en réfultent en faveur des
Hommes confédérés. C'eft ce qu'il faut
confidérer.

N°. IV.

La perfection de la *culture*, qui fuit la garantie des propriétés, fait bientôt naître affez de fruits, pour que les Hommes vivants fous la confédération, puiffent être diftingués en deux claffes, dont la premiere *travaille* à la production, & la feconde peut s'occuper de tout autre emploi de fon intelligence & de fes forces.

Voyons maintenant à quel ufage la raifon, le fentiment naturel, la loi phyfique, prefcrivent d'employer ces *Hommes* que nous appellerons *difponibles*; c'eft-à-dire dont le *travail* n'eft pas *néceffaire* pour produire les fubfiftances de tous les individus réunis en Société.

La protection & la garantie générale de toutes les propriétés, envers & contre tous les ufurpateurs du dedans ou du dehors, étant le but du *pacte focial*; il emporte, comme on a vu, le *devoir* de contribuer de fes forces à l'exécution

de ce deſſein. Par conſéquent l'obligation de *veiller* à la *ſureté* commune , &
de repouſſer les auteurs des attentats.
L'un & l'autre ſoin peuvent détourner
du *travail* de *cultiver* , & troubler le
plaiſir de *jouir* tranquillement des fruits
qu'il a procurés : il eſt donc *naturel* que
le *Cultivateur* donne avec ſatisfaction ,
avec avantage , une portion de ſes fruits
diſponibles. [C'eſt-à-dire qui ne ſont pas
néceſſaires à ſa ſubſiſtance], pour appli-
quer une partie des Hommes *diſponibles*
à *veiller* & repouſſer l'uſurpation. Cet
ordre eſt *évidemment* un bien pour les
uns & pour les autres.

L'autorité ſouveraine, ou la puiſſance
publique , tutélaire & protectrice des
propriétés , acquiert donc, par cette inſ-
titution , un *revenu ſpécial* , & des Hommes ſpécialement dévoués au *devoir* de
la protection , entretenus par cette même portion des fruits *diſponibles*. Juſ-
qu'alors, les mêmes Hommes étoient
chargés du double ſoin , de travailler

pour faire valoir leurs propriétés, de veiller & de faire effort pour les défendre.

Mais, il n'est pas moins certain que le *devoir* principal de veiller sur toute la société à la fois, tant aux extrémités que dans l'intérieur ; que le *droit* de convoquer des forces suffisantes pour repousser chaque usurpation, & de diriger l'emploi de ces forces, a dû exister dès le premier moment de la formation des *Sociétés*, & en vertu du *pacte* fondamental.

La *puissance* souveraine, qui consiste dans ce *devoir* & dans ce *droit*, est donc nécessairement *créée* par la premiere convention. Nous disons exprès *créée* ; car il est évident qu'elle n'existoit pas, & qu'elle n'est ni le résultat, ni l'assemblage des *propriétés* & des *forces* mises en dépôt, comme on a coutume de le dire.

Mais c'est l'*obligation* de conserver toutes ces *propriétés*, qui suppose le *pou-*

voir d'y employer des moyens fuffifants. Delà vient que la puiffance doit être *une*, *irrefiflible* & fupérieure à toute for-ce, à toute volonté particuliere.

L'autorité s'établit donc en faveur des propriétés perfonnelles, mobiliaires & foncieres, non fur leurs débris; elle eft leur protection, leur garantie au dedans & au dehors, comment pourroit elle en même tems en être la deftruction?

Nº. V.

Quand la perfection de la culture a pe mis de confacrer aux emplois de la furveillance tutélaire une portion des fruits, & une partie des hommes difpo-nibles; les *fociétés* ont fait le plus grand pas dans la carriere de *l'ordre* politique. L'autre portion des mêmes fruits, l'autre divifion des mêmes hommes non atta-chés néceffairement à la culture, peut s'occuper des ouvrages de l'*art*; c'eft par le *travail* de l'induftrie qu'elle varie les *jouiffances* en façonnant ou rapprochant

les

les productions naturelles ; c'est par-là qu'elle obtient en échange les objets propres à sa subsistance déja produits par les cultivateurs.

La *propriété personnelle*, la *propriété mobiliaire*, & la faculté d'acquérir par celle ci la *propriété fonciere*, sont donc les *droits* de cette troisieme classe d'hommes, qui naît dans une société *paisible* & cultivatrice, sous l'inspection & la garde d'une autorité protectrice, qui n'emploie ses richesses & ses hommes disponibles, qu'à l'objet de leur attribution, qu'à procurer la plus grande sécurité. Cette multitude ne doit *évidemment* son *existence* qu'à la *loi physique* de la nature bienfaisante, qu'à la fécondité de la terre, qui rend quand elle est sollicitée, sous la Loi de l'*ordre*, par un travail assidu, *beaucoup* plus de fruits que n'en exigent les jouissances des Agricoles.

Rien n'est plus simple, plus sensible que cet *ordre social*, il ne faut que l'exposer pour convaincre tout homme rai-

C

sonnable. On voit comment il assure, étend & multiplie de plus en plus le *droit naturel* des hommes : on voit qu'il met sous la sauvegarde la plus puissante possible la *propriété personnelle*, & la *propriété mobiliaire* de tous ; qu'il confirme la *propriété fonciere* sous l'aspect d'une *triple co-propriété*, savoir la co-propriété antérieure de la puissance publique, à laquelle appartient une portion des *fruits disponibles*, pour l'entretien d'une partie des *hommes disponibles* occupés au maintien de la paix extérieure, de la sureté intérieure [sans lesquels l'ordre n'existeroit pas, la *propriété fonciere* ne produiroit pas ses avantages]; & la *co-propriété* subséquente des hommes occupés aux travaux de l'industrie qui varient les jouissances, dont le travail est également utile, & pour eux-mêmes, puisqu'il leur procure la subsistance, & pour les autres, puisqu'il cause leur bien-être.

Il est donc évident que l'état le plus

avantageux à l'efpece humaine, eft l'é-
tat de *fociété* dans lequel toutes les propriétés font le plus affurées contre les
ufurpations quelconques, foit du dedans
foit du dehors ; dont la force tutélaire
par conféquent remplit *le mieux* fon *devoir* ; où la *culture* eft la plus étendue,
la plus produifante ; où parconféquent
il y a plus à diftribuer aux hommes qui
veillent & qui protegent, & à ceux qui
varient les jouiffances ; où la claffe induftrieufe eft la plus nombreufe, la plus
animée, où par conféquent le bien·être
& la félicité font plus communes.

On voit que dans *l'ordre focial* ces
trois effets généraux fe tiennent unis
intimement & inféparablement, qu'ils
dérivent l'un de l'autre, & qu'ils réuniffent à un même centre *tous* les intérêts de *tous* les hommes confédérés. *Sûreté des propriétés* : voilà tout le pacte
focial en trois mots : l'abrégé de toutes
les *loix naturelles*, & le germe unique
des vraies *loix pofitives*.

L'ordre social n'a donc befoin que d'être *connu* pour fervir de regle & de flambeau à la *liberté*, à *l'intérêt* perfonnel; c'eft fur-tout l'ignorance qui rend le defir de *jouir* avide, exclufif, oppreffeur & tyrannique. Le premier, le principal *devoir* de l'autorité tutélaire, eft donc *l'inftruction* qui prévient les injuftices & les violences qu'elle auroit à réprimer. » La premiere loi pofitive, » la loi fondamentale de toutes les au- » tres loix pofitives eft donc *l'inftitution* » *de l'inftruction publique & privée des loix* » *de l'ordre naturel*, qui eft la regle fou- » veraine de toute légiflation humaine, » de toute conduite civile, politique, » économique & fociale.

N°. VI.

Comment les hommes peuvent-ils fe réunir ainfi ? comment ont-ils formé le premier pacte focial ? queftion peut-être plus curieufe qu'utile. Cependant la plûpart des moraliftes ont voulu l'ex-

pliquer, & les ennemis de la loi naturelle ont cru triompher en renverſant
leurs hipotheſes ; comme ſi la *loi phyſi-*
que, *évidente*, *éternelle*, *immuable*, pou-
voit être détruite par une erreur de fait,
ſur les tems & les lieux, où les hommes
l'auront connue, l'auront ſuivie ?

Mais nous pouvons dire que tous
les ſophiſmes de la fauſſe philoſophie
qui combat la *loi naturelle*, n'ont pu
rendre problématique cette explica-
tion ſi ſimple, qui donne pour origine
aux premieres *ſociétés* les liens du ſang,
la paternité, la fraternité, les alliances.

On conçoit aiſément une *famille* dont
tous les membres ſont *aſſociés* pour le
travail, c'eſt-à-dire ſucceſſivement, à
meſure qu'elle devient plus nombreuſe,
plus forte & plus éclairée, pour la *recher-*
che, pour la *conſervation*, pour la *culture ;*
il eſt ſur la terre pluſieurs eſpeces d'animaux qui vivent en état de *familles*, en
ſociété de travail, non-ſeulement pour la

C iij

recherche, car prefque tous ont l'inftinct
de s'affocier au moins quelquefois pour
cet objet, mais même pour le *travail de
la confervation*, & pour en *jouir*.

Les fentimens naturels au cœur humain, tels que la tendreffe, la pitié,
l'affection & les autres femblables, font
des preuves *évidentes* qui fe réuniffent à
d'autres circonftances phyfiques, auffi
démonftratives, & qui ne permettent
pas de douter que la nature nous deftine
manifeftement à vivre en Société. Le
plus difficile, peut-être, feroit d'expliquer comment les Hommes, vu la conf-
titution *phyfique* & morale des deux
fexes dans l'âge viril, dans l'enfance &
dans la vieilleffe, pourroient vivre long-
tems dans l'état de fimple *multitude*,
fans aggrégations *fociales*.

Quoi qu'il en foit, rien n'eft plus aifé
à connoître que l'*ordre phyfique évidemment le plus avantageux aux Hommes*.
Il eft clair & manifefte que cet *ordre*
étend, affure & multiplie le plus pof-

fible, l'exercice de leur *droit naturel* à tous les objets propres pour leurs *jouiffances*. Il n'eft pas moins vifible que cet ordre concilie tous les *intérêts privés*, dans un feul *intérêt général*, qui confifte, en derniere analyfe, dans la *fureté des propriétés*.

La *Loi naturelle* fe réduit donc en cet état d'*ordre focial*, à la même fimplicité que dans l'état de multitude. *Se faire, à foi-même, le fort le meilleur poffible, fans attenter aux propriétés d'autrui*; voilà pour tous, la regle fondamentale & l'abrégé des devoirs.

Mais ce qu'il faut bien expliquer, & bien inculquer aux Hommes réunis en *fociétés*; ce qu'il faut rendre le plus manifefte, le plus fenfible qu'il fe peut à tous; c'eft qu'en vertu de l'*ordre focial*, il eft phyfiquement impoffible que les mortels juftes, qui n'ufurpent rien fur les propriétés d'autrui, fe faffent un bon fort à eux-mêmes, *fans opérer le bien des autres Hommes*; tout au contraire, que les *usurpateurs* ne *paroissent* se procurer par leurs *attentats* les objets qu'ils *desirent*, qu'en occasionnant une *destruction*, ou du moins en empêchant dans la Société une *production* de biens, dont il est physiquement impossible que l'anéantissement ne retombe pas d'une maniere ou d'une autre sur eux-mêmes.

C'est l'*ignorance* de cette grande & sublime vérité qui cause tous les désordres des *Sociétés* humaines ; & c'est faute d'avoir assez développé cette *doctrine*, que les moralistes & les politiques, anciens & modernes ont manqué leur objet.

N°. VII.

Nous avons distingué la masse des Hommes réunis par le lien *social* en trois classes. L'une est attachée à la *culture* qui produit les richesses annuelles, les denrées nécessaires à la subsistance de tous, la matiere premiere de tous les objets propres à leurs jouissances ; l'autre veille

& fait effort par-tout à la circonférence & dans l'intérieur de l'Etat pour remplir le devoir de *l'autorité tutélaire* ; c'est-à-dire pour assurer & garantir toutes les *propriétés* ; la troisieme est dévouée aux travaux de l'Industrie, du Commerce & des Arts, qui varient, qui multiplient les jouiſſances utiles & agréables.

La ſource des grands *deſordres géné-raux* qui traînent infailliblement à leur ſuite des millions d'attentats particu-liers ; c'est l'ignorance des principes ſim-ples, ſalutaires, mais inconteſtables de *l'ordre ſocial*, qui réuniſſent évidemment à un ſeul & même *intérêt*, ceux des trois claſſes qui paroiſſent être ſi divers, ſi oppoſés, ſi contradictoires dans tous les faux ſyſtêmes.

Il ſembleroit, à voir la confuſion éter-nelle des Gouvernements deſordonnés, qu'il y ait *néceſſairement* une guerre ir-réconciliable entre l'Autorité & les *pro-priétés*, entre la claſſe induſtrieuſe & celle des Cultivateurs : un ſeul *objet*,

cependant, réunit en lui tous leurs intérêts. Rien n'est plus évident que cette
vérité, quand elle est exposée.

*Richesse disponible provenant de l'Agri-
culture bien ordonnée* ; voilà le centre.
C'est là que toutes les prétentions peuvent se réunir, non-seulement sans se
choquer & sans se nuire ; mais au contraire en se prêtant les unes aux autres,
un secours mutuel, qui augmente infailliblement le bien de toutes.

Grande richesse disponible produite par
l'Agriculture, au-delà de ses *frais* ; c'est
sûrement ce que desirent les Propriétaires des fonds, & les Entrepreneurs
de la *culture* ; mais n'est-ce pas aussi
l'avantage du Souverain , & celui de
toute la classe industrieuse ?

Considérez d'abord les causes & les
conditions préliminaires de cette grande
& forte production de *richesses disponibles*. Ne sont-ce pas le *travail*, les
avances, les grandes & fortes dépenses
qui exigent *évidemment* la *sureté*, la *pro-*

priété, la liberté de jouir ; par conséquent la *paix* au-dehors, la tranquillité, la *justice* au-dedans. Par conséquent l'autorité tutélaire, présente & puissante par-tout, instruite des moindres attentats, & supérieure en force à tous les efforts des Usurpateurs.

Un grand & puissant *intérêt* fondamental pour les propriétaires des fonds & les cultivateurs, est donc que la Souveraineté jouisse d'une assez grande portion des fruits disponibles, pour dévouer un nombre suffisant d'hommes disponibles à la sécurité publique & privée. Sans elle il est *évident* que les propriétés foncieres ne pourroient ni s'établir ni se perfectionner, ni devenir assez fructifiantes : c'est en leur faveur que la loi de l'ordre établit la *co-propriété* de la puissance publique & tutélaire. Sous ce point de vue si naturel, la cupidité mal entendue des possesseurs privés qui voudroient attenter au patrimoine de la Souveraineté, en énerver la force,

ou en éluder l'autorité, paroît mani-
feſtement à tout eſprit raiſonnable,
non ſeulement injuſte & abſurde, mais
encore pernicieuſe & contradiĉtoire à
elle - même.

Conſidérons à préſent les effets de
cette richeſſe diſponible, qui ſont les
motifs du travail & des avances néceſſaires à ſa production : c'eſt la multiplication, la variété des jouiſſances utiles
& agréables, qui ne s'obtiennent qu'en
échangeant les fruits naturels contre les
objets fournis par le commerce & les
arts, fruits qui ſervent aux agents de
cette claſſe, ou pour leur propre ſubſiſ-
tance, ou comme matiere premiere à
l'exercice de leur induſtrie.

Un grand & puiſſant *intérêt* fondamental encore, pour les propriétaires des
fonds & les cultivateurs, eſt donc que
la claſſe induſtrieuſe ſoit la plus peu-
plée, la plus active, la plus habile
qu'il eſt poſſible : qu'elle jouiſſe par conſéquent auſſi de la plus grande ſûreté,

de la plus grande liberté, ce qui revient encore à la puissance tutélaire.

La conclusion *évidente*, c'est que les propriétaires & les agents de la culture ne *doivent* rien attenter de *préjudiciable* aux deux autres classes : autrement ils détruisent ou la cause ou l'effet de leur propre richesse ; & la conséquence renfermée dans celle ci, est qu'ils ne doivent rien attenter au *préjudice* les uns des autres, puisque tout délit, destructeur de la richesse d'un de leurs semblables, retomberoit infailliblement & sur la partie des hommes disponibles employés à la protection générale, & sur celle qui fait fleurir l'industrie. C'est ainsi que pour cette classe, tous les attentats quelconques, même privés, sont non seulement *injustes*, mais préjudiciables à tous, & même à leurs auteurs : au contraire tout bien privé cause nécessairement le bien universel.

Est-il plus difficile de prouver la réunion de tous les intérêts avec ceux de la souveraineté ? Que peuvent désirer les dépositaires quelconques de l'autorité suprême ? qu'elle ait la plus grande abondance possible de richesses, le plus de moyens qu'il est possible de les bien employer. Quelle est la source primitive qui fournit ces richesses ? l'affluence des *fruits disponibles* que fait naitre l'agriculture. Quelle est la premiere & la principale cause efficiente des moyens de les employer ? le nombre & l'industrie des *hommes disponibles*.

Il est donc pour la Souveraineté un premier intérêt fondamental, c'est la multiplication des *fruits disponibles*. Elle ne peut s'obtenir que par les avances & le travail des propriétaires & des cultivateurs, qui *peuvent*, qui *veulent* & qui savent accroître ces avances, redoubler ce travail, rendre les uns & les autres plus fructifians, plus continuels. L'ignorance, le découragement, la détresse, ne peuvent donc attaquer la classe propriétaire & cultivatrice, sans

que leurs effets retombent fur le patrimoine du Souverain.

Dans les Gouvernemens défordon-
nés, on ne voit que trop fouvent des
Adminiftrateurs ignorants, avides &
paffionnés, qui s'imaginent pouvoir *impunément* étendre la main fur toute la
maffe des *fruits difponibles*, & même fur
celle des productions *néceffaires* à l'entretien annuel des travaux agricoles : tranf-
formant ainfi par degrés, mais très rapi-
dement en ufurpation, puis en anéan-
tiffement des *propriétés*, un *droit* qui n'eft
que l'exercice du *devoir* de les protéger,
& le *moyen* efficace de pourvoir à leur
garantie envers & contre tous.

Rien n'eft plus évident que *l'injuftice*
de cet attentat : nous pouvons même
dire que c'eft-là le vrai crime de *Leze-
Majefté*, puifqu'il transforme en force
opprimante la puiffance tutélaire, puifqu'il lui ravit le caractere qui la rend
non-feulement fi chere & fi précieufe,
mais encore vraiment facrée, comme

image, comme émanation du pouvoir de l'Etre fuprême : car l'Auteur de la nature étant évidemment le premier inftituteur, le premier protecteur, le premier garant des *propriétés* par la *loi naturelle* ; les Souverains, comme garants & protecteurs généraux de ces mêmes *propriétés* dans leurs Etats, font fes repréfentans, fes mandataires pour procurer l'exécution de fa *loi*.

Mais le *préjudice* que caufent *inévitablement* ces attentats au patrimoine de la *Souveraineté* même, n'eft pas moins *évident* que leur injuftice. Vous ne laiffez pas au propriétaire la part des fruits difponibles qui lui appartient comme récompenfe des *avances* qu'il a faites pour rendre le fol productif, ou des richeffes mobiliaires qu'il a facrifiées pour l'acquérir tel, & pour l'entretenir, réparer, améliorer ? vous infpirez feulement la crainte bien fondée de cette premiere efpece de fpoliation ? La *confiance* & *l'émulation* font détruites par le fimple péril,

ril, les richesses mobiliaires fuient la terre, elle se dégrade nécessairement, sa culture devient en même tems plus dispendieuse & moins productive. Ce *produit disponible* que vous avez cru pouvoir vous approprier s'anéantit chaque jour, par la seule raison si naturelle que l'homme ne travaille & ne dépense que pour jouir.

Bientôt vous arrivez au second degré de spoliation, vous êtes obligés non-seulement d'usurper tous les fruits disponibles qui sont l'attribut de la propriété, mais encore d'attenter successivement au dépôt sacré des avances primitives & annuelles, nécessaires à l'entretien journalier de l'agriculture; & alors avec quelle rapidité n'anéantissez-vous pas progressivement la production, source de toutes vos richesses? Quand vous aurez long-tems coupé l'arbre pour manger son fruit, égorgé la brebis pour avoir sa toison, que restera-t-il à la Sou-

D

veraineté , finon la foibleffe & la
ruine ?

Comparez, après quelques années, le
réfultat de deux adminiftrations, dont
l'une fuit *l'ordre*, & dont l'autre eft dé-
fordonnée. La premiere fe borne à remplir fon *devoir* de *protéger les propriétés*,
& à jouir de fon *droit*, c'eft à-dire de fa
portion des *fruits difponibles*, fans ufur-
per celle des propriétaires ; à plus forte
raifon, fans jamais rendre poffible le
moindre foupçon qu'elle veuille attenter
fur les avances productives. La confiance, l'émulation, l'aifance, font par-tout
fleurir la culture, les produits difponibles augmentent progreffivement, & la
portion de ces fruits qui forme le patrimoine de la fouveraineté, reçoit de
jour en jour un plus grand accroiffement, une plus grande folidité. Conce-
vez, fi vous pouvez, jufqu'à quel point
de grandeur & d'opulence auroit pû s'é-
lever par cette obfervation de la loi de
l'ordre, pendant plus de foixante ans de

regne, le maître d'un grand Empire, favorisé par la nature ? quelle puissance, & quelle prospérité pour le Souverain & pour les Sujets !

Mais à la place de cette perspective, substituez plus de soixante années de spoliation progressive, & vous ne devrez point être étonnés de ne trouver qu'un petit nombre de propriétés, produisant encore une foible masse de fruits disponibles, dont la portion du Maître est incertaine & mal assurée : un grand nombre, où les dépenses foncieres sont impossibles ; plusieurs où dépérissent visiblement les avances primitives de la culture ; plusieurs où les avances annuelles déjà devenues moins fructifiantes, par le défaut des dépenses primitives se détruisent chaque jour ; enfin de vastes solitudes où tout a disparu, dépenses foncieres, avances primitives, avances annuelles & production, même souvent jusqu'aux troupeaux languissants qui couvroient les friches avant

D ij

que la dévaftation eût anéanti les Villages des environs.

Elle eft donc accompagnée d'une fanction inévitable cette loi de *l'ordre social*, qui prononce que la Souveraineté n'eft pas feulement chargée par devoir de protéger les *propriétés foncieres*, mais encore qu'elle eft *évidemment* & néceffairement en perpétuelle & indiffoluble *affociation d'intérêts* avec les propriétaires. Les plus cruels ennemis de la Puiffance fouveraine, les vrais criminels de Leze-majefté font donc ceux qui violent cette union, puifqu'ils dévaftent infailliblement du même coup le patrimoine des Sujets, & celui du Monarque.

L'opulence du Souverain, effet naturel & néceffaire du refpect pour les droits des propriétés foncieres, & du foin de leur confervation contre tout ufurpateur public ou privé, du dedans & du dehors, exige, pour en jouir, l'émulation, l'induftrie d'une claffe nombreufe d'hommes dévoués à tous les travaux de l'adminiſtration, du commerce & des arts.

Le ſecond intérêt fondamental des dépoſitaires de l'Autorité Suprême eſt donc encore de conſerver à la claſſe induſtrieuſe la liberté, la propriété mobiliaire, & même le droit d'acquérir des héritages; ſans cela point d'émulation, point d'induſtrie, point de commerce, point d'arts, par contrecoup point de jouiſſances variées, utiles & agréables, & bientôt plus de fruits ni d'hommes diſponibles.

La protection de la *liberté perſonnelle*, & la garantie des *propriétés mobiliaires*, c'eſt-à dire l'adminiſtration exacte de la Juſtice civile & criminelle, n'eſt donc pas moins un intérêt preſſant pour le Souverain, qu'un *devoir* inſéparable de ſon autorité : l'exercice de cette puiſſance tutélaire n'eſt donc pas moins utile au Juge Suprême qu'à tous les Citoyens.

Nous voyons déjà par cette même

vérité, que la claffe induftrieufe n'a point d'intérêt qui ne lui foit exacte- ment commun avec la Souveraineté même, & avec tous les dépofitaires de l'autorité publique. Son premier avan- tage eft de poffêder avec une entiere fécurité fa liberté perfonnelle, c'eft à- dire, l'exercice entierement libre de fes facultés & de fon induftrie, & les ri- cheffes mobiliaires qui en font le fruit; mais le prix de tous fes travaux fe ré- duit en derniere analyfe en denrées con- fommables qui fervent à fa fubfiftance, & en matieres premieres qui font la bafe de fes ouvrages.

L'intérêt fondamental de la claffe induftrieufe eft donc encore évidem- ment, que l'agriculture produife le plus qu'il eft poffible de fruits difponibles, car c'eft la maffe de ces fruits qui lui fournit les fubfiftances & les matieres premieres.

On voit aifément par là, combien eft abfurde & inconféquent tout fyftême qui tend à multiplier les profits de l'industrie au préjudice de la production territoriale. C'est précisément couper les racines de l'arbre pour augmenter les branches. Quiconque veut l'effet doit vouloir la cause : cet axiôme est incontestable. La perfection de la culture, l'accroissement de la production territoriale, & par elle du *produit disponible*, est la cause efficace, infaillible, qui produit *nécessairement* la multiplication des hommes disponibles, & l'accroissement de l'industrie : opérez la premiere, il est impossible que vous n'opériez pas la seconde : voilà certainement la marche de la raison & de la nature.

Ils sont donc bien aveugles ceux qui voudroient encore nous assujettir à la marche contraire, trop suivie dans des tems d'ignorance & de désordre. Voyez, disent ils, comment nous avons donné du ressort, de l'activité à l'industrie! vous n'admirez pas ? vous n'applaudissez pas ? Non, répond froidement l'homme ins-

truit des loix naturelles de l'ordre focial : je vois de nouvelles variétés-dans
les jouiffances, & le furcroît de profit
que retire l'homme induftrieux qui les
a procurées ; mais il me refte à exami-
ner un compte fondamental, à vérifier
la fource de ce *nouveau* profit. S'il y a
eu réellement *d'abord* furcroît de production & de revenu difponible, tout
eft dans *l'ordre*, & je vais applaudir avec
vous, parceque le nouveau profit de
l'homme induftrieux n'enleve rien à perfonne, c'eft une création nouvelle de
biens qu'il s'approprie en fatisfaifant le
defir de celui qui les avoit recueillis mé-
diatement ou immédiatement des mains
de la nature. Mais s'il n'y avoit pas eu
auparavant un furcroît de production &
de revenu difponible, pourquoi voulez-
vous que j'admire & que j'applaudiffe ?
Le nouveau profit de celui-ci eft certainement une *perte* pour quelqu'autre,
puifqu'ils n'ont toujours que la même
maffe à partager entr'eux tous. Je commence

mence donc par vous refufer des louanges.

Mais vous n'êtes pas quitte de mon examen. Je veux encore favoir s'il n'étoit pas *naturellement* poffible que ce *profit*, dont vous prétendiez m'éblouir, fût recueilli par le Propriétaire & le Cultivateur ; c'eft-à-dire, fi en laiffant un cours *libre* à la nature, il ne feroit pas tombé néceffairement entre leurs mains ; de forte qu'il ait fallu gêner les libertés pour le mettre dans celles où vous voulez que je l'admire.

Si c'eft-là votre manœuvre, je la méprife & je la détefte. Que ne laiffiez-vous agir l'ordre naturel ? Le Cultivateur & le Propriétaire auroient reçu ce *profit*. De quelque maniere qu'ils l'euffent dépenfé ; doutez-vous qu'il ne fût revenu dans le Domaine de la claffe induftrieufe ? Et fi par bonheur ils avoient été affez fages, affez *affurés* pour le verfer à la terre, n'en feroit-il pas forti multiplié par le bienfait de la nature ?

E

n'auroit - il pas été une source continuelle, & progressivement plus abon-
dante de nouvelles richesses disponibles, qui sont toujours & nécessairement de nouveaux profits pour la classe
industrieuse ?

C'est ainsi que la *Loi naturelle* établit
la plus grande sureté possible des propriétés,
comme le motif & le but de toutes les
Sociétés humaines. L'effet infaillible est
la plus grande abondance possible de fruits
& d'Hommes disponibles, d'où résulte nécessairement la plus grande *puissance* du
Souverain, la plus grande *prospérité* pour
toutes les classes qui composent le corps
politique.

L'ignorance des principes constitutifs
de l'ordre social, entraîne l'inexécution
de ses Loix ; & à la suite de celle-ci,
marchent toutes les erreurs, toutes les
usurpations, toutes les infortunes pu-
bliques & privées.

N°. VIII.

Remarquez en effet, que dans l'*ordre*, tous les *intérêts* étant réunis au même centre, chacun des membres de la Société qui connoît les *Loix naturelles*, & qui les observe par persuasion, par religion du for intérieur, autant que par sagesse, & par amour de soi-même, ne se procure par son travail, le meilleur sort possible, qu'en concourant au bonheur général, qu'en augmentant la somme des biens dont il partage nécessairement la jouissance avec ses semblables.

Au contraire, celui qui n'emploie son tems, ses forces, son intelligence qu'à usurper les propriétés d'autrui, vole manifestement par cette injustice, à la félicité publique, les avantages qui pourroient résulter d'un usage de ses facultés, plus équitable & non moins avantageux pour son intérêt.

Tout délit particulier devient en ce

ſens même, un attentat contre le bien public; delà naît pour le Souverain la néceſſité d'établir par - tout, l'inſtruction la plus continuelle & la plus lumineuſe, la Légiſlation poſitive la plus impoſante, & la puiſſance tutélaire la plus vigilante, la plus incorruptible, la plus irréſiſtible.

C'eſt pour prévenir & pour réprimer les uſurpations deſtructives du bien général, que s'établiſſent & s'exécutent les Loix poſitives qui ne ſont que l'application de la Loi naturelle. *Ordonner*, afin que l'ordre ſocial ſoit *obſervé; prohiber*, de peur que l'ordre ſocial ne ſoit *troublé; punir*, parceque l'ordre ſocial a été *violé :* voilà tout l'exercice du pouvoir légiſlatif. Le premier & le ſecond ſont d'autant plus faciles, plus efficaces & plus perſuaſifs, le troiſieme d'autant plus rare, que les principes de l'ordre ſont plus connus.

Malheur donc aux dépoſitaires du pouvoir tutélaire, qui redoutent la lumiere, qui craignent de voir naître dans l'esprit des Peuples la connoissance des Loix de l'ordre ; c'est la preuve la plus évidente qu'ils trahissent la Majesté suprême, dont ils sont les instruments ; qu'ils sacrifient les intérêts de la Nation & de la souveraineté même, toujours inséparables les uns des autres.

Si nous revenons sur nos pas pour nous résumer en peu de mots, nous trouvons » que, pour connoître l'éten- » due du *Droit naturel* des Hommes » réunis en société, il faut se fixer aux » Loix constitutives du meilleur gou- » vernement possible..... Que de ces » Loix, les unes sont *physiques*, im- » muables, éternelles, instituées par » l'Etre suprême, qui s'exécutent par » nous, & même indépendamment de » nous.... que les autres sont des Loix » *morales*, émanées de la même sour- » ce, intimées à la raison humaine, » écrites en caracteres indélébiles dans » l'ame de tous les mortels..... que

» l'ignorance & la paffion les méconn-
» noiffent, les violent, les conteftent ;
» mais jamais impunément, jamais fans
» délit, fans fuites funeftes, fans *pré-*
» *judice* caufé au bien général.....
» que la connoiffance & l'obfervation
» de ces Loix eft la fource de toute
» félicité publique & privée ; que c'eft
» auffi le feul but de toute légiflation
» pofitive ; la pierre de touche des *Inf-*
» *titutions* qui caractérifent *l'ordre Na-*
» *tional* des Empires.

N°. I X.

Enfin, quiconque eft inftruit des *loix*
naturelles & des principes conftitutifs de
l'ordre focial n'a pas befoin de chercher
ailleurs le fondement & la regle du
droit *des gens*. On peut diftinguer les Nations qui couvrent la furface de la terre
en deux efpeces, les unes qui n'ont
entr'elles aucune forte de relations fociales ordinaires, les autres qui font
unies par une correfpondance récipro-

que de communications & de commerce.

Les premieres ont entr'elles précisément dans la même pofition où nous avons confideré les hommes qui vivent en état de fimple multitude. La *loi natu-relle* eft donc pour elles *attributive* du *droit* de *jouir* de toutes leurs *propriétés*, foit *foncieres* foit *mobiliaires*, foit purement *perfonnelles*, fuivant la qualité de leur *travail*. Elle eft donc pour tout autre mortel *prohibitive* d'attentat & d'*ufurpation* fur ces *propriétés*. Il n'eft point d'exception à cette regle, dont l'inftitution ne dépend pas de la volonté des hommes, mais émane de l'Etre Suprême Auteur de la Nature : il n'eft donc point de raifon, point d'autorité créée qui puiffe en difpenfer.

Les auteurs, les complices, les fauteurs de l'ufage barbare & criminel qui rend les *hommes* noirs ou blancs, efclaves des Pirates guerriers ou marchands, trouvent dans cette *loi naturelle* leur condamnation inévitable. Violateurs de la premiere regle du *juste* & de *l'injuste*, il n'est point d'horreur & de forfait qui ne soit légitime ou pour eux ou contre eux, à le juger d'après le principe de leur domination sur les malheureux qu'ils réduisent en servitude. S'il est permis à l'homme d'attenter pour son intérêt, non-seulement à la propriété fonciere & mobiliere, mais encore à la *liberté personnelle* qui est le fondement & le principe des deux autres; les brigandages, les assassinats, les repas de chair humaine, sont *justes* & *innocents*. La *société* n'étant fondée, ni sur la *propriété* ni sur la *justice*, elle ne peut être qu'une réunion de forces conjurées, & par conséquent il n'est rien de *légitime* qui puisse en imposer ou à la force supérieure ou à la ruse : affreux système qui répugne au cœur humain, & qui contredit évidemment la nature.

C'est l'ignorance de ce principe fondamental qui perpétue, même parmi des mortels éclairés & justes d'ailleurs, cette

pratique déteſtable, & qui leur fait ad-
mettre les raiſons les plus abſurdes pour
la juſtifier.

Les *conquêtes* violentes d'un territoire
cultivé, la gloire horrible de ravager,
d'uſurper, de ſubjuguer, ne ſont de même que des attentats ſur les *propriétés*,
& des crimes publics dignes de l'exécra-
tion des hommes.

Ne confondez pas, ſous la même idée
de forfait, l'établiſſement des Colonies
induſtrieuſes & cultivatrices, établies
d'après les principes de *l'ordre ſocial* dans
une terre inculte, dont la *propriété* n'eſt
acquiſe à perſonne par les travaux ſé-
dentaires de l'Agriculture. Des Peupla-
des errantes, qui vivent de la chaſſe,
de la pêche, de la récolte des fruits
ſpontanés, ne ſont point *Propriétaires*
des vaſtes déſerts qu'elles parcourent. La
Loi naturelle vous permet de les acquérir par le *travail* de la cultivation. Pour-
vu que vous ſoyez aſſez juſtes pour
n'attenter jamais aux vraies *propriétés*

des Sauvages , les vôtres seront légitimes.

Mais il est d'autres Nations unies entr'elles par des liens de confédération, d'intérêt , de commerce ; & c'est particulierement pour régler leurs droits respectifs , qu'ont été imaginées les regles compliquées , arbitraires & mobiles du *Droit des Gens* , expliquées par le commun des Publicistes.

Si la *loi naturelle* a réduit les *devoirs* de chacun des hommes à la plus grande simplicité , c'est-à-dire, à cette seule regle *que chacun se fasse le sort le meilleur possible, sans attenter aux propriétés d'autrui ;* pourquoi chercher ailleurs une loi qui détermine les devoirs des Nations entr'elles ? n'est-elle pas évidemment la même ? les Peuples sont-ils donc autre chose que des hommes ?

Mais nous avons prouvé que *l'ordre social* ajoute pour l'observation de cette regle , le motif d'un *intérêt* très pressant & très légitime à celui de la *justice :* que

la plus grande sûreté possible des *propriétés*, cause la plus forte *production*, le
plus grand revenu *disponible*, la puissance la plus imposante pour le Souverain, les jouissances les plus assurées,
les plus variées, les plus multipliées,
tant pour la classe cultivatrice que pour
la classe industrieuse ; en un mot la plus
grande prospérité possible pour tous les
hommes réunis en société.

C'est sur le même principe qu'il faut
raisonner les *devoirs* & les *intérêts des
Nations* qui communiquent entr'elles par
le commerce, les confédérations & les
alliances : il est aisé de démontrer que
le bonheur des unes est nécessairement
uni à la félicité des autres ; que la ruine
des premieres entraine infailliblement
celle des secondes.

En effet, qu'est-ce que la *félicité* publique & privée ? la sûreté, l'abondance, la variété des jouissances utiles &
agréables. Quelle est, pour toute la masse
des hommes divisés en Nations, la source

féconde & continuelle de cette somme de jouissances ? d'abord les productions naturelles que fournissent la terre & les eaux, par la chasse, la pêche, l'agriculture proprement dite, & la fouille des minéraux : puis l'industrie des hommes disponibles qui façonnent ces productions naturelles qui les transportent d'un lieu, d'un peuple, d'un climat à l'autre. Quel est le lien de cette communication ? le commerce ou l'échange réciproque des objets propres aux jouissances mutuelles. Quelle est la condition indispensable & fondamentale de ce commerce ? que chacun possede un objet à échanger : on ne *vend* point à celui qui n'a pas de quoi *acheter*, on *n'achete* point de celui qui n'a rien à *vendre*.

Ces vérités sont bien sensibles, & cependant il est encore bien plus manifeste qu'elles sont totalement oubliées, & c'est de cet oubli que sont nées les rivalités nationales, les intrigues, soi-disant politiques, les systêmes absurdes de con-

fédérations offensives, les guerres fan-
glantes & les hostilités sourdes, non
moins destructives, de finance & de commerce, & de-là tout le galimathias in-
déchiffrable du *droit des gens* positif,
c'est-à-dire conjectural & arbitraire.

Les manœuvres de la fausse politique,
dont la puérilité se cache sous l'ombre
du mystere, & sous l'appareil des for-
malités dispendieuses, ne tendent qu'à
énerver dans les autres Etats la puissance publique de l'autorité tutélaire,
à y restreindre l'abondance des richesses
territoriales & disponibles, à y dimi-
nuer la population, & l'activité de la
classe industrieuse : les *Publicistes* ne sont
occupés qu'à calculer jusqu'à quel point
il est *permis*, soit en tems de paix, soit
en tems de guerre, de procurer ainsi
l'*avantage particulier* de sa Nation, au
préjudice des autres.

La *Loi naturelle* termine, en un seul
mot, toutes ces vaines discussions, en
prononçant que c'est toujours non-seu-

lement une *injuftice* ; mais encore une *abfurdité pernicieufe* pour les Nations en corps, tout de même que pour les Hommes en particulier, de chercher fon avantage dans le *préjudice* d'autrui. Que la fageffe & l'intérêt bien entendus nous difent, au contraire, de concert avec l'*équité*, que les Nations doivent tendre, fans ceffe, *à fe faire, à elles-mêmes, le meilleur fort poffible, fans attenter aux droits & propriétés des autres.*

En réduifant à cette unique *Loi naturelle*, tout le Droit des Gens, il eft aifé de fentir, premierement, que le refpeƈt mutuel pour les propriétés, réunit en un feul & même point central, tous les intérêts de tous les Peuples qui communiquent enfemble par le Commerce. De cette réunion admirable, il réfulte que tout bien particulier dont le plus fimple Citoyen s'eft procuré la jouiffance, dès qu'il eft exempt du vice radical d'ufurpation, eft le bien général de l'humanité ; parcequ'il fert efficacement à multiplier, ou du moins à entretenir la somme *totale des jouiſſances*; au contraire, que le moindre attentat uſurpateur eſt un *préjudice* général pour l'humanité, parcequ'il *détruit* une portion de cette ſomme totale, ou qu'il l'empêche d'être produite.

Erigeons donc de nouveau le tribunal de la raiſon & de la juſtice, où nous avons fait comparoître l'intérêt particulier uſurpateur, & parconſéquent deſtructif, de chaque Homme, de chaque eſpece ou claſſe de Citoyens dans un Empire. Soumettons au même examen, les chefs-d'œuvres de cette politique ſi laborieuſe, qui ſe vante de tenir entre ſes mains dans une balance myſtérieuſe les *intérêts* des *Nations*.

Donnons à vos prétentions, à vos machinations contre les autres Peuples, tous les effets que vous ſemblez déſirer. Vous voulez avoir *ſeul* toute la puiſſance, toute la production, tout le Commerce; & il eſt évident que vous

vous assurerez le premier, si vous parvenez à vous emparer des deux autres.

Mais remarquez d'abord quelle contradiction manifeste regne dans vos idées. Si les autres Nations n'ont point du tout de *productions*, vous ne pouvez faire aucun Commerce avec elles. Vous pouvez bien leur *donner*; mais non pas leur *vendre*. Si elles ont *moins* de productions, vous ne pouvez que leur *vendre moins*; & pour leur vendre *beaucoup*, il faut qu'elles ayent *beaucoup* de quoi vous payer.

Ce n'est donc pas seulement votre production & votre industrie nationale qui est la *matiere*, la cause efficiente de votre Commerce avec les autres Peuples; c'est encore la production & l'industrie des Etrangers; par la raison très simple & très évidente qu'il faut être deux pour Commercer.

Un Polonois échange à Dantzik son froment contre du drap d'Angleterre: Le grain s'échange en Espagne, en Portugal

tugal pour de l'or, de l'argent ; l'Anglois *donne* ces métaux pour du vin de Bordeaux ou de Bourgogne ; les Maîtres du vignoble le changent pour du fucre & du caffé ; les Colons de l'Amérique pour des farines de l'Agénois. Suppofons qu'on brule les moiffons du Polonois , & recommençons notre calcul. Dans le premier cas l'Anglois ne *vend* pas fon drap , le bled manque pour le payer à Dantzik : il n'a donc point l'argent de l'Efpagnol ; il n'achette donc pas le vin de Bordeaux. Tout le refte eft intercepté de même.

Notre Agenois peut, direz-vous, vendre fa farine en Efpagne, à la place des grains du Nord , & acheter le drap ; le Bordelois, échanger fon vin avec le fucre & le caffé. Mais dans notre fuppofition, ce n'eft pas le vin , c'eft la farine qui manque aux befoins ordinaires du Colon Américain ; c'eft de l'argent dont a befoin l'Agenois , pour entretenir fa culture & payer les revenus publics : s'il le

F

garde, le drap Anglois n'eft point vendu, ni par conféquent le vin de Bordeaux, ni par conféquent le fucre & le caffé.

De quelque maniere que vous puiffiez combiner, il réfultera toujours un vuide dans vos jouiffances nationales; c'eft-à dire furabondance d'une espece de denrée ou de marchandifes au-delà du befoin de la confommation ordinaire, & le *défaut* de celle que vous auriez obtenue par l'échange.

Toute *deſtruction* qui diminue la *ſomme totale* des jouiffances, retombe donc néceſſairement par contre-coup fur la totalité des Nations liées entr'elles par le commerce immédiat ou médiat, prochain ou éloigné; mais à quoi peuvent aboutir directement les intrigues, les violences ou les rufes de toute efpece employées par la politique ordinaire, qu'à la deftruction des produits de l'agriculture ou de l'induftrie, qui forment cette fomme de jouiffances ?

Vous vous appliquez à ruiner les forces & les richesses des autres Nations, & vous croyez en même-tems accroître les vôtres? erreur. Le mal que vous faites à vos voisins, à vos prétendus rivaux, vous affoiblit & vous dépouille nécessairement vous-même.

Mais au contraire, si vous les laissez faire en paix leur propre avantage, & si vous êtes assez sages pour employer en même-tems à votre prospérité les soins, les dépenses que vous prodiguez mal-à-propos au desir de leur nuire, il en résulte infailliblement un double avantage pour vous, dans l'échange réciproque; ils ont plus de moyens de vous *acheter*, plus d'objets à vous *vendre*: ils vous fournissent donc une plus grande somme de jouissances, & vous leur en procurez le même accroissement.

C'est d'après ce point de vue, qu'il faut apprécier les guerres modernes de l'Europe, soit les guerres sanglantes &

tumultueufes qui fe font fi fouvent le fer
& la flamme à la main ; foit les guerres
obfcures, fourdes & continuelles, qui
réfultent des manéges de cabinet, fur-
tout des entraves que mettent au commerce & à l'induftrie les prohibitions &
les loix fifcales, dont les repréfailles
mal entendues doublent & quadruplent
les funeftes effets.

Repouffer l'ufurpateur de fa propriété
perfonnelle, mobiliaire & fonciere ;
employer autant de force qu'il en faut
pour la *garantir* : voilà tout ce que permet la *loi naturelle* aux Nations en corps,
comme aux fimples particuliers ; tout
le refte eft erreur funefte ou attentat
criminel.

Exciter des troubles deftructeurs, dans
l'efpoir d'acquérir *peut-être* un fol dé-
vafté, au prix d'une guerre qui vous
caufe infailliblement, quelquelqu'heu-
reufe que vous la fuppofiez, une double
perte très réelle ; c'eft facrifier un bien
certain pour un moindre très incertain.
Folie des conquérants.

Prétendre augmenter avantageuse-
ment la production & l'industrie nationale , en ruinant celle des Peuples unis
avec vous pour le commerce ; c'est vouloir vendre plus à ceux qui n'ont que
moins de quoi payer , c'est vouloir acheter plus à ceux qui n'ont que moins à
vendre.

S'occuper au contraire directement &
uniquement de son propre avantage ,
sans jamais usurper , sans jamais nuire ;
c'est infailliblement procurer le bien général de l'humanité.

Les confédérations purement défen-
sives des Etats & de leurs propriétés ,
sous cette condition fondée sur la loi
naturelle de repousser les violences &
les usurpations , avec le moindre préjudice possible causé même à l'agresseur ,
sont donc les seules qu'avouent la justice , la raison & l'intérêt éclairé.

Ce n'est donc pas sur des traités arbitraires , obscurs , souvent violés , &
souvent indignes d'être observés ; ce

n'eft donc pas fur des conventions, des
ufages, des autorités, que fe fonde le
Droit des Gens; c'eft fur la *Loi naturelle*, parfaitement uniforme, qui regle
les *devoirs*, les *droits*, les *intérêts* des
Peuples, avec la même évidence & la
même fimplicité que ceux des Hommes
confidérés, ou comme Citoyens dans
la même Société, ou même comme de
fimples créatures humaines, féparées
les uns des autres, en l'état de multitude, avant les aggrégations fociales.

En tout & par-tout, pourvoir à fa
propre fubfiftante à fon propre bien-
être, fous peine de douleur & de mort:
voilà le *devoir* naturel. *Travailler* pour
s'approprier les objets deftinés aux
jouiffances des Hommes; c'eft remplir
cette obligation, & le vœu de la nature. *Jouir*, c'eft le *droit* qui réfulte du
travail. Refpecter ce *droit* ou cette *propriété* d'autrui; c'eft *juftice*. Réunir fes
forces pour affurer & garantir ces propriétés; c'eft *Société*. De la Société ga-

rantiffante réfulte la *fécurité* ; de celle-ci, l'émulation & le fuccès du travail, qui rend plus *fructifiantes* les propriétés fon- cieres. De l'abondance des fruits, naît la grande richeffe difponible ; de la grande richeffe difponible, la félicité particu- liere de chaque Société ; de cette fé- licité, la plus grande profpérité du Commerce réciproque. La paix & le bonheur pour tous les Hommes : voilà le but & l'effet de *l'ordre*, qu'établit la *Loi naturelle*, que les *Loix pofitives* doi- vent faire connoître le plus univerfelle- ment, & obferver le plus inviolable- ment qu'il eft poffible.

www.ingramcontent.com/pod-product-compliance
Lightning Source LLC
LaVergne TN
LVHW022013080426
835513LV00009B/707